POISSON ET FRUITS DE MER

Sommaire

Délicieux produits de la mer

La plupart des fruits de mer et des poissons sont pauvres en lipides et riches en vitamines, minéraux, protéines et acides gras. Tous les types de fruits de mer devraient fondre dans votre bouche, voici quelques conseils pour profiter au maximum de toutes leurs qualités.

Les fruits de mer sont injustement considérés comme difficiles à cuisiner, parce qu'ils exigent, dans certains cas, des préparations quelque peu élaborées. L'idée de cuisiner des fruits de mer continue donc à intimider, et ce, malgré leur cuisson rapide. En effet, bien que les méthodes de cuisson soient les mêmes que pour la viande, le poisson, par exemple, possède une chair plus friable, qui casse facilement lorsqu'on l'expose à la chaleur.

Dans nos recettes, nous avons détaillé la préparation des fruits de mer avant leur cuisson mais vous pouvez tout aussi bien solliciter votre poissonnier, qui se fera une joie de les préparer.

Nous espérons vous donner l'envie de tester divers types de fruits de mer, et nous avons parfois mentionné des produits de remplacement, au cas où le premier choix ne serait pas disponible.

TYPES DE POISSON

Les 4 principaux types de poisson sont : fermes, tendres, gras ou secs.

La plupart des poissons ont une chair ferme qui tient bien à la cuisson. Les poissons à chair tendre exigent des méthodes de cuisson plus douces tels que le court-bouillon ou la cuisson à la vapeur.

Pour ce qui est des poissons gras, les graisses sont dispersées dans la chair. La plupart des poissons à chair blanche ont des chairs sèches, les matières grasses étant stockées dans le foie.

Un poisson à la chair de couleur claire aura bien souvent une saveur plus délicate. Les poissons d'eau douce ont souvent un goût assez doux, bien que certains puissent avoir un goût fort, voire un léger goût de vase.

CHOISIR

Tout le monde sait que le poisson doit être bien frais au moment de son achat. Mais si l'odeur ne nous indique pas qu'il est indiscutablement passé, comment être sûr de sa fraîcheur ?

Les fruits de mer sont divisés en trois grandes catégories (le poisson, les crustacés, les mollusques) et chaque catégorie possède des caractéristiques propres qui permettent d'indiquer son degré de fraîcheur.

POISSONS ENTIERS :

- Les yeux doivent être clairs, brillants et globuleux (évitez les poissons qui auraient les yeux ternes, creux et voilés).
- La peau et la chair doivent avoir un aspect lustré et être fermes au toucher. Si un poisson se tord aisément au point où la queue et la bouche se rejoignent, il n'est certainement déjà plus bon.

- La queue du poisson doit être humide et souple, et non sèche.
- Les écailles doivent être réparties uniformément et ne pas sembler parsemées. Elles doivent être fermes et intactes.
- Les ouïes doivent être brillantes (entre rouge vif et rouge sombre, selon les espèces).

FILETS

- Les filets doivent paraître humides, lustrés et ne montrer aucun signe de décoloration. Les poissons d'un étalage ne doivent pas baigner dans du liquide.
- Les filets de poisson frais ne doivent pas apparaître séchés aux angles.

CRUSTACÉS (crevettes, crabes, langoustes, homards) :

- Aucune décoloration ni tache, en particulier au niveau des articulations.
- Le corps doit être intact et non cassé ou incomplet.
- Les corps ne doivent pas contenir d'eau ou de liquide et paraître lourds par rapport à leur taille.

CRUSTACÉS VIVANTS (bleus, noirs ou verts) :

- Doivent être actifs et se mouvoir librement. Les pattes et les pinces doivent être intactes.

- Les crabes de vase doivent être ligotés jusqu'à ce qu'ils aient été tués.
- Les crustacés doivent paraître lourds par rapport à leur taille. Ils se débarrassent de leur carapace lorsqu'ils grandissent, et en développent une nouvelle 4 mois plus tard. S'ils semblent légers, cela peut signifier qu'ils sont encore en période de croissance, et la chair serait gorgée d'eau.

MOLLUSQUES :

Univalve (1 coquille), exemple : ormeaux, busycons, abalones.
Bivalve (2 coquilles), exemple : moules, huîtres, coquilles Saint-Jacques.
- Les coquilles doivent être bien fermées, ou se refermer rapidement au toucher, lustrées et intactes. Le corps doit être ferme et charnu.

CÉPHALOPODES (poulpe, seiche, calmar) :

- La chair doit être ferme, élastique et souple au toucher.
- La tête, les tentacules, et le corps doivent être intacts et compacts.

RÉFRIGÉRATION
FILETS OU DARNES DE POISSON :

Pour préparer le poisson entier, écaillez-le, videz-le, lavez-le et rincez-le à l'eau froide, ou demandez à votre poissonnier de préparer votre poisson pour vous. Placez-le dans un récipient fermé dans la partie la plus froide de votre réfrigérateur et consommez-le dans les 2 à 3 jours.

PRÉPARER LE POISSON

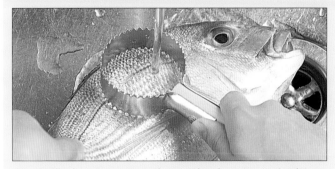

Pour écailler le poisson, grattez la peau dans le sens contraire des écailles.

Entaillez le ventre du poisson, et retirez les viscères. Rincez à l'eau froide et essuyez.

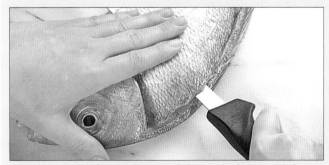

Pour découper les filets, taillez près de l'arête de chaque côté du poisson.

CRUSTACÉS ET MOLLUSQUES :
Enveloppez les grands crustacés de papier d'aluminium, et placez dans un récipient fermé ou une assiette.

Les autres fruits de mer peuvent être placés dans des récipients fermés ou des sacs à congélation et stockés dans la partie la plus froide du réfrigérateur pour une consommation dans les 2 à 3 jours.

Consommez crustacés et mollusques crus au maximum 2 jours après leur achat. Pour conserver les moules, couteaux et écrevisses vivantes, plongez-les dans un seau d'eau froide dans l'endroit le plus froid de votre maison. Couvrez le seau d'un linge humide, et conservez-le à l'abri de la lumière. Ils peuvent se conserver jusqu'à 3 jours au réfrigérateur par temps chaud.

CONGÉLATION

Dans l'idéal, tous les fruits de mer sont meilleurs consommés frais. Cependant, il est possible de les congeler s'ils sont bien frais. Lorsque vous achetez le poisson, assurez-vous qu'il n'a pas déjà été congelé auparavant. Lorsque vous congelez un poisson ou des fruits de mer, collez une étiquette indiquant la date de congélation sur le sachet. Ne faites pas dégeler vos fruits de mer surgelés à température ambiante, placez-les au réfrigérateur. Certains, comme les filets de poisson panés, les calmars ou les crevettes peuvent être cuits encore congelés. Évitez de recongeler les fruits de mer, cela nuirait à leur saveur ainsi qu'à leur texture.

Poissons entiers, filets et darnes : écaillez, nettoyez et évidez, rincez à l'eau froide, et égouttez sur du papier absorbant. Congelez le tout dans un sac congélation hermétique. Les poissons entiers se conservent jusqu'à 6 mois (les poissons gras, tels que le thon, le suceur-ballot, le saumon atlantique, la sardine se conservent jusqu'à 3 mois). Les filets et les darnes doivent être surgelés dans des sacs en portions plus petites et se conservent jusqu'à 3 mois.

Crevettes : ne les décortiquez pas. Placez-les dans un récipient en plastique et recouvrez-les d'eau, qui formera un gros bloc de glace et emprisonnera les crevettes, les empêchant ainsi de brûler. Les crevettes se conservent jusqu'à 3 mois. Placez-les une nuit au réfrigérateur avant de les consommer.

Autres crustacés et mollusques : se conservent jusqu'à 3 mois au congélateur. Enveloppez les grands crustacés tels que le homard, la langouste, et le crabe dans du papier aluminium et placez-les à congeler dans un récipient hermétique. Les poulpes, calmars et seiches doivent être vidés et peuvent se conserver jusqu'à 3 mois. Les huîtres ne doivent pas être congelées, sous peine d'altérer leur saveur.

CUISSON DES FRUITS DE MER

Comme vous le verrez en vous servant des recettes de cet ouvrage, les fruits de mer sont pleins de ressources. Ils se prêtent aussi bien à la cuisson à la vapeur, au court-bouillon, ils peuvent être préparés au barbecue ou au four, en ragoût, ou encore être grillés, sautés, frits, marinés et même panés. Les fruits de mer ne doivent jamais être trop cuits, ils deviendraient alors secs, durs et caoutchouteux. Ils doivent être retirés du feu dès qu'ils sont « juste à point », la chaleur interne achèvera le processus.

Mais comment déterminer si c'est le bon moment ? La plupart des fruits de mer sont cuits lorsqu'ils perdent leur apparence translucide et deviennent plus opaques. Les poissons commencent à s'émietter et à se détacher des arêtes. Certains, comme le thon ou le saumon atlantique, sont meilleurs quand ils sont à peine cuits au centre.

Les filets de poisson sont très utilisés dans la cuisine en raison de leur polyvalence. Cuisinez-les le plus rapidement possible après achat afin qu'ils ne se dessèchent pas.

Les mollusques peuvent être cuits ou dégustés crus. Les coquilles peuvent être ouvertes de force, vous aurez peut-être à couper le muscle, ou à les ouvrir à la vapeur. Ne faites pas trop cuire les mollusques, cela durcit leur chair.

Les petits poulpes peuvent être grillés au barbecue ou frits, mais les plus gros auront besoin d'être attendris par le poissonnier, avant d'être mijotés au bouillon. Lorsqu'on les attendrit, les tentacules se recourbent.

Les petites seiches et calmars sont délicieux frits et leurs corps sont parfaits farcis. Les gros nécessitent de cuire longuement dans un bouillon.

SERVIR LE POISSON

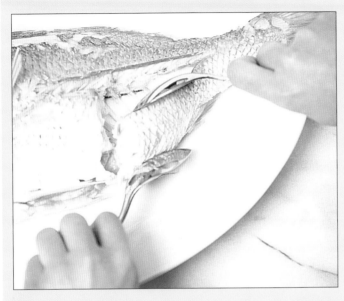

Faites glisser une cuillère le long du poisson jusqu'à l'arête centrale et retirez la chair.

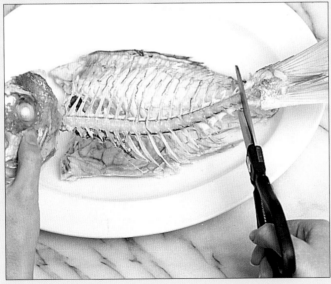

Retirez l'ensemble des arêtes et coupez près de la queue. Servez le poisson en portions.

Pâté de poisson fumé et bruschetta

PRÉPARATION : 20 minutes

  + plusieurs heures de réfrigération

CUISSON : 15 minutes

POUR 8 personnes

2 filets de 400 g de truite arc-en-ciel fumée
2 à 3 cuil. à soupe de jus de citron
  ou de citron vert
125 g de fromage frais
200 g de beurre, fondu
brins d'herbes aromatiques, aneth, fenouil
  ou persil plat par exemple, pour garnir
tranches de citron, pour décorer

Bruschetta
1 baguette de pain, coupée
  en 24 fines tranches obliques
80 ml d'huile d'olive
3 gousses d'ail

1 Retirer la peau et les arêtes du poisson, et émietter grossièrement la chair. Dans un robot de cuisine, mixer la chair avec le jus de citron, le fromage et le beurre fondu, jusqu'à obtention d'un mélange homogène. Assaisonner, à volonté, avec du poivre noir fraîchement moulu.

2 Remplir 8 ramequins de 60 ml de cette préparation et placer 2 h au réfrigérateur, ou toute la nuit, jusqu'à ce que la préparation soit bien prise. Conserver au réfrigérateur jusqu'au moment de servir. Décorer de brins d'herbes aromatiques fraîches et de tranches de citron.

3 Pour préparer la bruschetta, préchauffer le four à 200 °C (th. 6-7) Badigeonner d'huile d'olive les deux faces de chaque tranche de pain, les disposer sur une plaque à pâtisserie et passer 10 à 15 min au four, jusqu'à ce qu'elles soient croustillantes et dorées, en les retournant à mi-cuisson. Retirer du four et frotter une face de chaque tranche avec une gousse d'ail, en utilisant une gousse pour 8 tranches.

Mixer la chair de poisson, le jus de citron, le fromage et le beurre.

Une fois le pain cuit, frotter une face avec une gousse d'ail.

Bouchées de concombre au crabe et au vermicelle

PRÉPARATION : 30 minutes
  + 5 minutes de pause + réfrigération
CUISSON : aucune
POUR 30 bouchées

6 concombres libanais de même taille
  et de 4 cm de diamètre
50 g de vermicelle de riz sec
2 boîtes de 170 g de chair de crabe
60 ml de jus de citron vert
2 cuil. à soupe de sauce au piment douce
3 cuil. à soupe de coriandre finement
  hachée
1 petite feuille de citronnier kafir, finement
  ciselée
2 cuil. à café de nuoc mam

1 Couper les extrémités des concombres et les découper en tronçons de 2,5 cm. À l'aide d'une petite cuillère parisienne, évider la chair de chaque tronçon de concombre jusqu'aux trois quarts de sa hauteur.

2 Placer le vermicelle de riz dans une terrine et recouvrir d'eau bouillante. Laisser tremper 5 min, égoutter et couper en courtes longueurs. Égoutter la chair de crabe, en pressant bien pour éliminer toute humidité excessive. Dans un saladier, mélanger le vermicelle, la chair de crabe, le jus de citron vert, la sauce au piment, la coriandre, la feuille de citronnier et le nuoc mam.

3 À l'aide d'une cuillère, remplir les puits creusés dans chaque morceau de concombre de salade de vermicelle. Verser le reste de sauce sur les concombres, couvrir et placer au réfrigérateur jusqu'au moment de servir.

Utiliser une cuillère parisienne pour évider le concombre.

Mélanger la farce à l'aide de deux cuillères.

Galettes de poisson thaïes

PRÉPARATION : 20 minutes
CUISSON : 20 minutes
POUR 4 à 6 personnes

500 g de filets de rouget, hachés
1 tige de lemon-grass, partie blanche seule, hachée
2 cuil. à soupe de nuoc mam
5 oignons verts, hachés
3 cuil. à soupe de coriandre hachée
1 gousse d'ail, hachée
140 ml de lait de coco en boîte
1 cuil. à soupe de sauce au piment douce
1 œuf
5 haricots kilomètres, finement émincés
huile de friture
200 g de mesclun

Sauce
90 g de sucre
2 cuil. à soupe de sauce au piment douce
1/2 petit concombre libanais, coupé en dés

1 Mettre le poisson, le lemon-grass, le nuoc mam, l'oignon vert, la coriandre, l'ail, le lait de coco, la sauce au piment douce et l'œuf dans un mixeur, et mixer jusqu'à obtention d'un mélange homogène. Transférer dans une terrine et ajouter les haricots kilomètres. Avec les mains mouillées, façonner 12 galettes de 7 cm de diamètre et 1 cm d'épaisseur. Disposer sur une assiette, couvrir et réfrigérer.

2 Pour la sauce, mettre le sucre et 80 ml d'eau dans une petite casserole et chauffer 2 min à feu doux, jusqu'à ce que le sucre soit dissous. Augmenter le feu et laisser frémir 5 minutes, jusqu'à léger épaississement. Retirer du feu et incorporer la sauce au piment douce. Laisser refroidir, puis incorporer le concombre.

3 Faire chauffer l'huile dans une sauteuse ou une grande poêle et faire dorer les galettes en plusieurs fois 1 à 2 min de chaque côté.

4 Disposer la salade sur des assiettes et répartir les galettes. Servir avec la sauce.

Façonner 12 galettes avec la garniture.

Retirer du feu et incorporer la sauce au piment douce.

Faire cuire et dorer les galettes dans l'huile chaude.

Pâtes aux noix de Saint-Jacques

PRÉPARATION : 10 minutes
CUISSON : 20 minutes
POUR 4 personnes

20 grosses noix de St Jacques, sans corail
250 g de pâtes linguini sèches
150 ml d'huile d'olive vierge extra
2 gousses d'ail, finement hachées
60 ml de vin blanc
1/2 cuil. à café de piments séchés
  en copeaux
1 cuil. à soupe de jus de citron
100 g de jeunes feuilles de roquette
6 cuil. à soupe de coriandre hachée

1 Couper et retirer tout muscle dur ou membrane des noix de Saint-Jacques et les égoutter sur du papier absorbant.

2 Cuire les pâtes *al dente*.

3 Dans une poêle, chauffer 1 cuil. à soupe d'huile, ajouter l'ail et faire revenir quelques secondes. En remuant, ajouter le piment, le vin et le jus de citron.

4 Égoutter les pâtes, les transférer dans une terrine et ajouter 1 cuil. à soupe d'huile. Chauffer un barbecue ou un gril à feu très vif et badigeonner d'huile. Assaisonner les noix de Saint-Jacques et les faire griller 1 min sur chaque face, jusqu'à ce qu'elles soient juste cuites. Réchauffer la préparation à l'ail et au piment à feu doux, ajouter les feuilles de roquette et, tout en remuant, faire cuire 1 min à feu moyen, jusqu'à ce que les feuilles aient flétri. Mélanger avec les pâtes, puis avec le reste d'huile d'olive et la moitié de la coriandre. Servir les pâtes en nids garnies avec quelques noix de Saint-Jacques. Garnir avec le reste de coriandre.

Mélanger les pâtes avec une cuillerée à soupe d'huile.

Faire cuire les noix de Saint-Jacques au barbecue ou au gril.

Faire cuire la roquette avec la préparation à l'ail et au piment.

Barquettes au saumon fumé

PRÉPARATION : 20 minutes + refroidissement
CUISSON : 10 minutes
POUR 24 barquettes

1 pain de mie tranché
60 ml d'huile d'olive
90 g de mayonnaise aux œufs entiers
2 cuil. à café d'huile d'olive vierge extra
1 cuil. à café de vinaigre de vin blanc
1 cuil. à café d'aneth, finement haché
3 cuil. à café de crème de radis noir
250 g de saumon fumé, en lanières
 de 2 cm de largeur
3 cuil. à soupe d'œufs de saumon
brins d'aneth, pour décorer

1 Préchauffer le four à 180 °C (th. 4). À l'aide d'un rouleau à pâtisserie, abaisser les tranches de pain de mie jusqu'à obtenir des tranches de 1 mm d'épaisseur, découper 24 ronds à l'aide d'un emporte-pièce de 7 cm de diamètre. Badigeonner les deux faces de chaque tranche d'huile d'olive, et les disposer sur deux plaques à gâteaux de 12 alvéoles à fond plat. Faire cuire 10 min au four, jusqu'à ce que le pain soit croustillant. Laisser refroidir.

2 Dans une terrine, mélanger soigneusement la mayonnaise avec l'huile d'olive vierge extra, le vinaigre, l'aneth et le radis noir.

3 Disposer des lanières de saumon pliées dans chaque barquette de pain froide et ajouter 1 cuil. à café de préparation à la mayonnaise. Garnir avec 1/2 cuil. à café d'œufs de saumon et décorer d'aneth.

Placer les ronds de pain dans les moules en appuyant légèrement.

Plier les lanières de saumon afin qu'elles tiennent sur le pain.

Cocktail de crevettes

PRÉPARATION : 20 minutes

CUISSON : aucune

POUR 6 personnes

Sauce cocktail
250 g de mayonnaise aux œufs entiers
60 ml de sauce tomate
2 cuil. à café de sauce Worcester
1/2 cuil. à café de jus de citron
1 goutte de sauce Tabasco

1 kg de crevettes moyennes cuites
laitue, pour servir
quartiers de citron, pour servir
tranches de pain, pour servir

1 Pour préparer la sauce cocktail, mélanger tous les ingrédients dans une terrine, saler et poivrer.

2 Décortiquer les crevettes, en laissant la queue de certaines intacte, pour la décoration. Retirer la queue des autres. Retirer doucement la veine sombre de leur dos en commençant à la tête. Ajouter les crevettes équeutées au contenu de la terrine et remuer soigneusement.

3 Disposer de la laitue dans des plats de service ou des bols. À l'aide d'une cuillère, placer quelques crevettes dans chaque plat. Décorer avec les crevettes réservées et arroser de sauce. Servir accompagné de quartiers de citron et de pain.

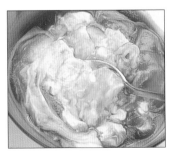

Mélanger tous les ingrédients de la sauce cocktail dans une terrine.

Décortiquer les crevettes, en laissant la queue intacte.

Placer les crevettes dans la terrine de sauce cocktail, et remuer.

Petits poulpes grillés

PRÉPARATION : 15 minutes
  + toute une nuit de macération
CUISSON : 10 minutes
POUR 4 personnes

1 kg de petits poulpes
185 ml de vin rouge
2 cuil. à soupe de vinaigre balsamique
2 cuil. à soupe de sauce de soja
2 cuil. à soupe de sauce hoisin
1 gousse d'ail, hachée

1 À l'aide d'un couteau tranchant, couper la tête des poulpes, en dessous des yeux. Jeter les têtes et les viscères. D'une pression de l'index, faire sortir le bec, retirer et jeter. Laver soigneusement les poulpes sous un filet d'eau et égoutter sur du papier absorbant. Si les poulpes sont assez gros, couper les tentacules en morceaux.

2 Placer les poulpes dans une grande terrine. Mélanger vin, vinaigre, sauce de soja, sauce hoisin et ail dans un bol et verser sur les poulpes. Remuer pour bien les enrober, couvrir et placer plusieurs heures, voire toute la nuit au réfrigérateur.

3 Chauffer un gril ou une grille de barbecue jusqu'à ce qu'ils soient très chauds et graisser légèrement. Égoutter les poulpes, en réservant la marinade. Faire griller en plusieurs fournées 3 à 5 min, jusqu'à ce que la chair du poulpe ait blanchi. Badigeonner les poulpes avec la marinade pendant la cuisson. Ne pas trop cuire le poulpe, qui deviendrait dur. Servir tiède ou froid. Délicieux accompagné d'une salade verte et de quartiers de citron vert.

Couper et retirer la tête de chaque poulpe

Faire sortir le bec, en exerçant une pression de l'index au centre.

Badigeonner les poulpes avec la marinade réservée.

Mini-crêpes au saumon fumé et au fromage de chèvre

PRÉPARATION : 25 minutes

    + 30 minutes de pause

CUISSON : 10 minutes

POUR 30 MINI-crêpes

60 g de fromage de chèvre
50 g de saumon fumé
90 g de farine levante
1 œuf
250 ml de lait
20 g de beurre, fondu
60 g de crème fraîche
3 cuil. à soupe d'œufs de saumon
brins d'aneth, pour décorer

1 Émietter le fromage de chèvre avec les doigts. Couper le saumon en petits morceaux. Dans une terrine, tamiser la farine et creuser un puits en son centre. Dans une terrine, battre les œufs entiers, le lait et le beurre fondu, et verser le mélange dans le puits, en battant jusqu'à ce que le mélange soit homogène. Couvrir et réserver 30 min. Incorporer le fromage de chèvre et le saumon.

2 Chauffer une poêle et graisser le fond avec un peu de beurre fondu. Déposer quelques cuillerées à café de pâte dans la poêle et laisser cuire 1 min à feu moyen ou jusqu'à ce que des bulles se forment à la surface et que le dessous ait doré. Retourner les crêpes et laisser cuire encore 1 min. Transférer dans un assiette et couvrir le temps de cuire les autres.

3 Au moment de servir, disposer 1 cuil. de crème fraîche sur chaque crêpe et garnir d'œufs de saumon. Décorer de brins d'aneth, saler et poivrer, à volonté. Disposer sur un plat de service.

Émietter le fromage de chèvre avec les doigts.

Incorporer le fromage de chèvre et le saumon à la pâte à crêpe.

Lorsque de petites bulles apparaissent, retourner les crêpes.

Timbales sashimi

PRÉPARATION : 25 minutes + 15 minutes
CUISSON : 15 minutes
POUR 6 personnes

Riz à sushi
440 g de riz rond ou moyen
1 cuil. à soupe 1/2 de sucre
125 ml de vinaigre de riz japonais
2 cuil. à soupe de mirin

Mayonnaise wasabi
250 g de mayonnaise aux œufs entiers
2 cuil. à soupe de vinaigre de riz japonais
3 cuil. à café de pâte wasabi

3 feuilles de nori
300 g de saumon de qualité, en tranches fines
1 avocat
graines de sésame noires grillées, pour servir
gingembre confit, émincé, pour servir
sauce de soja japonaise, pour servir

1 Rincer le riz à l'eau froide. Placer dans une casserole avec 625 ml d'eau, couvrir et porter à ébullition.

Réduire le feu et laisser cuire 8 à 10 min jusqu'à évaporation complète. Retirer du feu et laisser couvert 15 min, jusqu'à ce que le riz soit bien cuit.

2 Placer sucre, vinaigre, mirin et 1/2 cuil. à café de sel dans une petite casserole et faire cuire 2 à 3 min à feu moyen, sans cesser de remuer. Étaler le riz dans un plat non métallique, ajouter la préparation au vinaigre et mélanger.

3 Pour préparer la mayonnaise wasabi, mélanger tous les ingrédients dans un bol.

4 Couper 6 ronds dans les feuilles de nori à la dimension d'un ramequin de 250 ml. Disposer dans chaque ramequin 50 g de saumon et 2 cuil. à café de mayonnaise. Recouvrir de nori. Remplir aux trois quarts avec environ 125 g de riz à sushi. Placer au réfrigérateur jusqu'au moment de servir.

5 Couper l'avocat en cubes. Tremper un couteau dans l'eau chaude et le passer le long des bords du ramequin pour décoller le riz. Les renverser, garnir d'avocat et parsemer de sésame. Servir avec de la mayonnaise, du gingembre et de la sauce de soja.

Retirer le riz quand l'eau est évaporée.

En utilisant les ramequins, découper des ronds dans le nori.

Démouler à l'aide d'un couteau trempé dans l'eau chaude.

Crevettes grillées

PRÉPARATION : 15 minutes
+ 30 minutes de macération
CUISSON : 5 minutes
POUR 4 personnes

8 très grosses crevettes crues (environ 800 g)
1 cuil. à soupe de sauce au piment douce
1 cuil. à café de coriandre moulue
125 ml d'huile d'olive
80 ml de jus de citron vert
3 gousses d'ail, hachées
1 tomate, pelée, épépinée et coupée
  en petits morceaux
2 cuil. à soupe de coriandre grossièrement
  hachée
200 g de mesclun, pour servir

1 Retirer les têtes des crevettes et, à l'aide d'un couteau tranchant, les couper en deux dans le sens de la longueur, sans détacher les queues. Retirer la veine sombre.

2 Dans une terrine, mélanger la sauce au piment et la coriandre moulue avec la moitié de l'huile d'olive, du jus de citron vert et de l'ail. Ajouter les crevettes, couvrir et laisser mariner 30 min au réfrigérateur.

3 Pendant ce temps, pour préparer la sauce, mélanger le reste d'huile d'olive, de jus de citron vert et d'ail dans une terrine avec la tomate et la coriandre fraîche.

4 Chauffer un barbecue ou un gril pour qu'il soit bien chaud. Égoutter les crevettes, en réservant la marinade, et disposer face découpée sur le gril. Faire cuire chaque face 1 à 2 min, en badigeonnant de marinade, jusqu'à ce que les crevettes soient bien cuites.

5 Pour servir, répartir les feuilles de salade dans les assiettes et disposer quelques crevettes par-dessus. Verser 1 cuil. de sauce sur chaque crevette, et assaisonner de sel et de poivre noir fraîchement moulu.

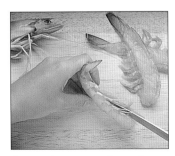
Couper chaque crevette en deux dans le sens de la longueur.

Mélanger soigneusement les ingrédients de la sauce.

Faites cuire les crevettes sur un gril ou une grille à barbecue.

Carpaccio de saumon

PRÉPARATION : 30 minutes
  + 30 minutes de réfrigération
CUISSON : aucune
POUR 4 personnes

500 g de saumon de qualité
3 tomates grappe
1 cuil. à soupe de petites câpres,
  bien rincées et égouttées
1 cuil. à soupe d'aneth haché
1 cuil. à soupe d'huile d'olive vierge extra
1 cuil. à soupe de jus de citron vert
pain ciabatta, pour servir

1 Envelopper le saumon dans une feuille de papier d'aluminium, et placer 20 à 30 min au congélateur, jusqu'à ce qu'il soit partiellement congelé.

2 Pendant ce temps, inciser une croix sur la base de chaque tomate, les placer dans une terrine et verser suffisamment d'eau bouillante pour les recouvrir. Laisser tremper 2 à 3 min, jusqu'à ce la peau ramollisse. Égoutter et peler. Couper chaque tomate en deux, retirer les graines à l'aide d'une cuillère à café et couper la chair en dés. Placer dans un saladier et ajouter les câpres et l'aneth tout en remuant.

3 Retirer le saumon du congélateur et retirer le papier d'aluminium. À l'aide d'un couteau tranchant, couper soigneusement le saumon en tranches fines, dans le sens contraire à la fibre. Répartir le saumon dans quatre assiettes, sans empiler les tranches, ou utiliser un plat de service.

4 À l'aide d'un fouet, mélanger l'huile d'olive et le jus de citron vert dans un bol et saler avec une bonne pincée de sel ou de sel marin. Verser cet assaisonnement sur le saumon juste avant de servir. Assaisonner avec du poivre noir moulu et servir immédiatement, accompagné de la salade de tomates et de pain ciabatta.

Couper les tomates pelées en deux et retirer les graines.

Congeler le saumon facilite sa découpe en tranches fines.

Huîtres

LES HUÎTRES FRAÎCHES DANS LEUR COQUILLE, TELLES QUE LA NATURE NOUS LES PROPOSE, SONT UN PUR RÉGAL. CEPENDANT, LES RECETTES SUIVANTES VOUS PERMETTRONT DE VARIER LES PLAISIRS. CHAQUE RECETTE EST PRÉVUE POUR 12 HUÎTRES.

HUÎTRES AU SAUMON FUMÉ

Retirer 12 huîtres de leur coquille, en réservant les coquilles. Répartir 100 g de saumon fumé coupé en fines tranches dans les coquilles. Replacer les huîtres dans les coquilles et arroser chacune d'entre elles d'une 1/2 cuil. à café de jus de citron vert. Disposer 1/2 cuil. à café de crème fraîche sur chacune d'entre elles et surmonter le tout avec 1/4 de cuil. à café d'œufs de saumon. Assaisonner de sel et de poivre noir fraîchement moulu.

HUÎTRES AU CHAMPAGNE

Dans une petite casserole, faire fondre 30 g de beurre à feu moyen. Ajouter 2 cuil. à soupe de ciboulette ciselée et 375 ml de champagne, porter à ébullition et laisser bouillir 5 min, ou jusqu'à ce que la préparation ait réduit de moitié. Filtrer et reverser dans la casserole. À l'aide d'un fouet, incorporer progressivement 50 g de beurre en cubes et laisser mijoter 1 min. Retirer du feu, et à l'aide d'une cuillère, répartir le mélange dans 12 huîtres dans leur coquille. Assaisonner de sel et de poivre noir fraîchement moulu et parsemer de ciboulette ciselée.

HUÎTRES CEVICHE

Dans un bol, placer 60 ml de jus de citron vert, 1 cuil. à café de zeste de citron vert finement râpé, 2 gousses d'ail écrasées, 2 petits piments rouges épépinés et hachés, 1 cuil. à soupe de coriandre hachée et d'huile d'olive et bien mélanger. Retirer 12 huîtres de leur coquille, réserver les coquilles, placer les huîtres dans la préparation au citron vert. Couvrir et placer 2 h au réfrigérateur. Peler 1 tomate mûre, retirer les graines et couper la chair en petits dés. Dans un bol, mélanger délicatement avec 1/2 avocat mûr coupé en dés. Saler et poivrer. Remettre les huîtres dans leur coquille et verser une petite quantité de la préparation au citron vert sur chacune d'entre elles. Garnir de 1 cuil. à café de salsa de tomate et servir.

Sushi et sashimi

ON PEUT SE PROCURER LES INGRÉDIENTS DE BASE DE CES METS JAPONAIS DANS LES ÉPICERIES SPÉCIALISÉES. LE SHOYU EST UNE SAUCE DE SOJA, PLUS LÉGÈRE ET PLUS SUCRÉE QUE SA COUSINE CHINOISE. LE WASABI POSSÈDE UNE SAVEUR TRÈS CORSÉE, QUI RAPPELLE CELLE DU RADIS NOIR, ET SE TROUVE SOUS FORME DE PÂTE OU DE POUDRE. LA NORI EST UNE ALGUE SÉCHÉE.

RIZ À SUSHI

Placer 550 g de riz rond blanc dans une passoire et rincer à l'eau froide jusqu'à ce que l'eau soit claire. Égoutter et laisser reposer 1 heure dans la passoire. Transférer dans une casserole, recouvrir de 750 ml d'eau, porter à ébullition et laisser cuire, sans remuer, 5 à 10 min, jusqu'à ce que des cratères se forment à la surface. Réduire le feu, couvrir et laisser cuire 12 à 15 min, jusqu'à ce qu'il soit tendre. Retirer du feu et réserver 15 min. Placer 5 cuil. à soupe de vinaigre de riz, 1 cuil. à soupe de mirin, 2 cuil. à café de sel et 2 cuil. à soupe de sucre dans une terrine et mélanger jusqu'à ce que le sucre soit dissout. Disposer le riz sur une plaque non métallique et mélanger soigneusement à la sauce. Étaler cette préparation et laisser refroidir à température ambiante. Trop froid, le riz deviendrait difficile à travailler. Recouvrir d'un torchon humide. Pour éviter que le riz ne colle aux mains, tremper les doigts dans un bol d'eau tiède additionnée de quelques gouttes de vinaigre de riz. Pour 1,2 kg.

ROULEAUX NORI AU THON OU AU SAUMON

Découper 5 feuilles de nori en deux dans le sens de la longueur. Découper 200 g de thon à sashimi ou de saumon en fines lanières. Placer une demi-feuille de nori sur un tapis à sushi, le côté brillant vers le bas, et étaler 4 cuil. à soupe de riz à sushi par-dessus, en laissant une marge de 2 cm sur un côté.

Creuser une petite ligne en son centre, et y étaler un peu de wasabi. Recouvrir avec le poisson. Rouler le tapis à sushi pour entourer la farce, en appuyant pour former un rouleau bien serré. Découper le rouleau en 6 tronçons. Reproduire l'opération jusqu'à utiliser tout la feuille de nori et le poisson. Pour 60 rouleaux.

ROULEAUX DE CALIFORNIE

Placer une feuille de nori sur un tapis à sushi. Étaler 150 g de riz à sushi cuit au centre de la feuille, en laissant une marge de 2 cm le long du bord le plus proche de soi. Creuser une petite ligne au centre du riz afin d'y placer la farce, et y mettre un trait de mayonnaise japonaise. Étaler 1 cuil. à soupe d'œufs de poisson sur la mayonnaise et recouvrir de 2 ou 3 demi-crevettes cuites ou de bâtonnets de crabe hachés. Rouler le tapis à sushi par-dessus la farce pour la maintenir en place, puis rouler, en appuyant pour former un rouleau tassé. Découper en 6 tronçons. Répéter l'opération, en utilisant les mêmes quantités, jusqu'à obtenir 3 autres rouleaux. 600 g de riz à sushi cuit seront nécessaires au total. Pour 24 rouleaux.

SASHIMI

Retirer la peau de 500 g de poisson frais (thon, saumon ou kingfish). Congeler jusqu'à ce qu'il soit suffisamment dur pour pouvoir être découpé en tranches de 5 mm d'épaisseur. Découper d'un seul coup et dans une seule direction. Disposer sur un plat et servir avec du shoyu et du wasabi. Pour 4 à 6 personnes.

ROULEAUX DE SAUMON ET DE CONCOMBRE

Couper un filet de saumon sashimi de 200 g en tranches très fines. Couper un concombre du Liban en deux dans le sens de la longueur, et l'épépiner. Recouper en deux, puis en allumettes. Disposer le saumon sur une planche, recouvrir chaque tranche d'un peu de concombre, rouler et maintenir fermé avec une ciboule. Servir avec gingembre, shoyu et wasabi. Pour 24 rouleaux.

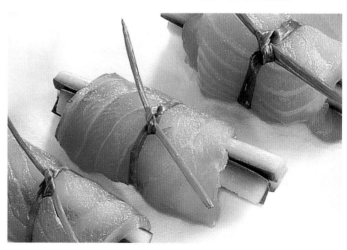

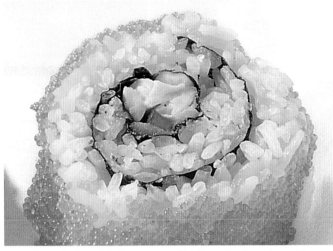

NIGIRI AUX CREVETTES ET AU THON

Décortiquer 10 crevettes cuites. Parer 250 g de thon en rectangle, en retirant tout nerf ou trace de sang. Couper en tranches fines, en essuyant le couteau après chaque découpe. Donner à 1 cuil. à soupe de riz à sushi la forme d'un ovale aux mêmes dimensions que le poisson. Disposer une tranche de thon à plat dans la paume de la main, et étaler un trait de wasabi en son centre. Disposer le riz sur le poisson et refermer la main de façon à former une coupe. Presser le riz sur le poisson, en appuyant fermement avec un léger mouvement de la main vers le haut pour donner à l'ensemble une forme nette. Retourner et reproduire l'opération, en finissant avec le poisson.

Répéter l'opération jusqu'à épuisement du thon et des crevettes. Pour 16 à 20 nigiri.

ROULEAUX RETOURNÉS

Disposer une feuille de nori sur un tapis à sushi et étaler une épaisseur de 1 cm de riz à sushi, en laissant une marge de 1 cm sur l'un des bords de la feuille. Couvrir de film alimentaire d'une taille supérieure à celle de la feuille de nori. D'un geste rapide, retourner l'ensemble, et replacer sur le tapis à sushi, de manière à ce que le film alimentaire soit sous le riz et que la nori soit dessus. Étaler de la pâte wasabi sur le nori, le long du côté le plus court, à 4 cm du bord. Disposer des allumettes de concombre du Liban et d'avocat, et 25 g de chair de crabe sur le wasabi, puis rouler à partir de ce bout en se guidant avec le film alimentaire. Rouler dans le plastique, puis dans le tapis à sushi pour former un rouleau bien serré. Dérouler et retirer le film alimentaire. Rouler les rouleaux dans des œufs entiers de poisson, ou dans des graines de sésame noir grillées. À l'aide d'un couteau très tranchant, couper proprement les extrémités, et découper le rouleau en 6 tronçons. Reproduire l'opération pour les autres rouleaux. Servir accompagné de shoyu. Pour 48 rouleaux.

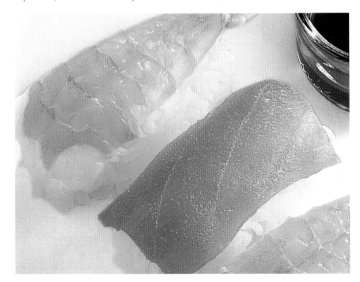

Salade niçoise au thon grillé

PRÉPARATION : 10 minutes
CUISSON : 20 minutes
POUR 4 personnes

12 petites pommes de terre nouvelles chat
   ou 250 g de pommes de terre kipfler
150 g de petits haricots verts
2 filets de 200 g de thon
2 cuil. à soupe d'huile d'olive
180 g de feuilles de laitue
2 tomates mûres, en quartiers
60 g de petites olives noires
4 œufs entiers durs, coupés en quatre

Assaisonnement
2 cuil. à soupe de jus de citron
60 ml d'huile d'olive vierge extra
1 cuil. à café de moutarde de Dijon

1 Dans une cocotte-minute, faire cuire les pommes de terre entières 10 min Égoutter et conserver au chaud. Parer les haricots et faire étuver 2 min. Égoutter et conserver au chaud.

2 Badigeonner les filets de thon d'huile et saupoudrer généreusement chaque face de poivre noir fraîchement moulu. Faire chauffer un gril ou une grille de barbecue à feu très vif et badigeonner d'huile. Y déposer le thon et faire cuire 1 à 2 min sur une face. Retourner le thon et le faire cuire jusqu'à ce qu'il soit saisi en surface. Il doit être encore rosé à cœur. Retirer du gril, laisser refroidir légèrement et couper en cubes.

3 Pour préparer l'accompagnement, mélanger vigoureusement le jus de citron, l'huile et la moutarde dans un saladier. Bien assaisonner.

4 Pour faire la salade, répartir les feuilles de laitue dans quatre assiettes. Couper les pommes de terre en deux (pour les kipfler, les couper en tranches). Placer les pommes de terre, les haricots, le thon, les tomates et les olives dans l'assaisonnement en remuant doucement. À l'aide d'une cuillère, placer la salade sur les feuilles de laitue. Assaisonner de sel et de poivre noir fraîchement moulu et garnir avec les œufs entiers durs.

Cuire le thon de manière qu'il soit rosé à cœur.

Une fois froid, couper le thon grillé en cubes.

Salade de betteraves aux noix de Saint-Jacques

PRÉPARATION : 20 minutes

CUISSON : 35 minutes

POUR 4 personnes

1 kg de betteraves fraîches
  (environ 4 bulbes, avec les feuilles)
200 g de haricots verts, parés
1 cuil. à soupe de vinaigre de vin rouge
2 cuil. à soupe d'huile d'olive vierge extra
1 gousse d'ail, hachée
1 cuil. à soupe de câpres égouttées,
  grossièrement hachées
400 g de noix de Saint-Jacques, sans corail
40 g de beurre
100 g de fromage de chèvre

1 Retirer les feuilles des betteraves, gratter les bulbes et laver les feuilles. Tremper les bulbes dans une casserole d'eau bouillante, réduire le feu et laisser mijoter 30 min, à couvert, jusqu'à ce que la chair soit tendre Égoutter et laisser refroidir, puis peler la betterave sous l'eau froide. Couper les bulbes en quartiers fins.

2 Porter une casserole d'eau à ébullition et cuire les haricots 3 min. Les retirer à l'aide d'une écumoire et les plonger dans de l'eau froide. Égoutter. Ajouter les feuilles de betterave dans l'eau bouillante et laisser cuire 3 à 5 min. Les plonger dans un saladier d'eau froide, bien égoutter.

3 Verser le vinaigre de vin rouge dans un bocal hermétique avec huile, ail, câpres, 1/2 cuil. à café de sel et autant de poivre concassé. Bien agiter.

4 Couper et retirer tout muscle dur blanc, veine ou membrane des noix de Saint-Jacques. Faire fondre le beurre dans une poêle et cuire les noix de Saint-Jacques 1 à 2 min sur chaque face.

5 Répartir les haricots, les feuilles de betterave et les bulbes dans 4 assiettes de service. Parsemer de fromage de chèvre émietté et disposer les noix de Saint-Jacques dessus. Arroser d'assaisonnement.

Éplucher la betterave sous l'eau froide.

Faites cuire les feuilles de betterave.

Retourner les noix de Saint-Jacques après 2 min de cuisson.

Salade de roquette au saumon

PRÉPARATION : 20 minutes

CUISSON : aucune

POUR 4 personnes

Assaisonnement

1 cuil. à soupe d'huile d'olive vierge extra
2 cuil. à soupe de vinaigre balsamique

150 g de feuilles de roquette
1 avocat
250 g de saumon fumé
325 g de feta, égouttée et émiettée
2 cuil. à soupe de noisettes grillées,
  concassées

1 Pour préparer la sauce, dans un saladier, mélanger soigneusement l'huile et le vinaigre à l'aide d'un fouet. Assaisonner, selon son goût. Retirer les longues tiges des feuilles de roquette, rincer, égoutter, sécher et mélanger délicatement avec l'assaisonnement.

2 Couper l'avocat en deux dans le sens de la longueur. Couper chaque moitié en 6 tranches. Retirer la peau et placer 3 tranches sur chaque assiette de service. Disposer quelques feuilles de roquette par-dessus.

3 Draper quelques morceaux de saumon par-dessus. Parsemer de fromage émietté et de noisettes concassées. Poivrer et servir immédiatement.

Égoutter la feta, puis l'émietter.

Mélanger soigneusement la roquette avec l'assaisonnement.

Couper chaque demi-avocat en six quartiers.

Salade de nouilles aux crevettes

PRÉPARATION : 25 minutes
CUISSON : 5 minutes
POUR 4 personnes

125 g de pois mange-tout
750 g de crevettes moyennes crues,
   décortiquées et déveinées
375 g de fines nouilles aux œufs entiers
   fraîches
150 g de germes de soja
4 oignons verts, finement émincés
1 poivron rouge, en dés
5 cuil. à soupe de coriandre hachée

Assaisonnement
60 ml d'huile de sésame
80 ml de vinaigre de vin rouge
80 ml de kecap manis
2 cuil. à soupe de sauce de soja

1 Parer les pois mange-tout et les faire cuire 1 min dans une petite casserole d'eau bouillante. Verser ensuite dans une terrine d'eau glacée. Une fois froids, les égoutter et couper les plus gros en deux.

2 Faire cuire les crevettes 1 à 2 min dans une grande casserole d'eau bouillante, jusqu'à ce qu'elles soient roses et bien cuites. Égoutter et laisser refroidir sans placer au réfrigérateur.

3 Faire cuire les nouilles 1 min dans une grande casserole d'eau bouillante salée, jusqu'à ce qu'elles soient tendres. Égoutter et laisser refroidir.

4 Pour préparer l'assaisonnement, mélanger vigoureusement les ingrédients dans un bol ou un bocal.

5 Placer les pois mange-tout, les crevettes, les nouilles, les germes de soja, l'oignon vert, le poivron et la coriandre dans un saladier. Verser l'assaisonnement, remuer délicatement et servir immédiatement.

Retirer les crevettes à l'aide d'une écumoire.

Goûter les nouilles après 1 min de cuisson.

Battre les ingrédients de l'assaisonnement au fouet.

Salade de pâtes au crabe

PRÉPARATION : 15 minutes
CUISSON : 12 minutes
POUR 4 personnes

150 g de roquette
125 g de pâtes fettucini au safran sèches
125 g de pâtes fettucini aux épinards sèches
1 mangue, en fines lanières
1 avocat, en tranches
1 oignon rouge, en fins quartiers
500 g de chair de crabe

Assaisonnement

60 ml d'huile d'olive
1 cuil. à soupe de mayonnaise aux œufs
  entiers
2 cuil. à soupe de jus de citron vert
1 gousse d'ail, hachée
1/4 de cuil. à café d'huile de citron vert
  ou de zeste de citron vert râpé

1 Retirer les longues tiges des feuilles de roquette, rincer et égoutter. Faire cuire les pâtes 12 min dans une casserole d'eau bouillante salée, jusqu'à ce qu'elles soient *al dente*. Égoutter, laisser refroidir et les remettre dans la casserole.

2 Pour l'assaisonnement, mélanger les ingrédients dans un saladier en les fouettant. Verser sur les pâtes et remuer.

3 Disposer des nids de pâtes sur chaque assiette de service, recouvrir de quelques feuilles de roquette, de mangue, d'avocat, d'oignon rouge et de chair de crabe. Assaisonner de sel et de poivre noir fraîchement moulu, selon son goût. Délicieux accompagné de tranches de pain frais.

Couper la mangue en fines lanières.

Retirer les tiges des feuilles de roquette, puis rincer les feuilles.

Une fois les pâtes froides, arroser d'assaisonnement et remuer.

43

Salade de pâtes aux crevettes

PRÉPARATION : 15 minutes
CUISSON : 12 minutes
POUR 4 personnes

Assaisonnement
80 ml d'huile d'olive
1 cuil. à soupe 1/2 de vinaigre de vin blanc
1 cuil. à soupe 1/2 de pignons grillés
1 cuil. à soupe de basilic grossièrement
  haché
1 cuil. à soupe de persil plat grossièrement
  haché
1 gousse d'ail
1 cuil. à soupe de parmesan râpé
1 pincée de sucre

400 g de grosses pâtes (conchiglie)
1 cuil. à soupe d'huile d'olive extra
500 g de petites crevettes cuites
100 g de bocconcini, en fines rondelles
125 g de poivron rouge grillé, en fines
  lanières
125 g de tomates cerise, coupées en deux
feuilles de basilic, en garniture

1 Pour préparer la sauce, verser l'huile, le vinaigre, les pignons, le basilic, le persil, l'ail, le parmesan et le sucre dans un robot de cuisine ou un mixeur et mixer le tout jusqu'à obtention d'un mélange homogène.

2 Faire cuire les pâtes 12 min dans une grande casserole d'eau bouillante salée, jusqu'à ce qu'elles soient *al dente*. Égoutter dans une passoire, rincer brièvement à l'eau froide. Égoutter soigneusement, remettre dans la casserole et mélanger avec le reste d'huile d'olive. Laisser refroidir.

3 Décortiquer les crevettes et retirer doucement la veine sombre de leur dos en commençant vers la tête.

4 Placer les pâtes, les crevettes, le bocconcini, le poivron et les tomates dans un saladier et arroser d'assaisonnement. Remuer et garnir de feuilles de basilic.

Couper le poivron rouge grillé en lanières très fines.

Mixer les ingrédients de l'assaisonnement.

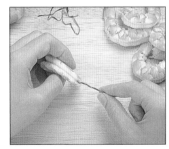
Déveiner délicatement les crevettes décortiquées.

Salade de thon fumé aux haricots blancs et basilic

PRÉPARATION : 15 minutes
CUISSON : aucune
POUR 4 personnes

100 g de roquette
1 petit poivron rouge, en julienne
1 petit oignon rouge, haché
310 g de haricots blancs ou de haricots
   cannellinis, égouttés et rincés
2 cuil. à soupe de câpres
125 g de tomates cerise, coupées
   en deux
2 boîtes de 125 g de thon fumé
   à l'huile, égoutté

Sauce au basilic
1 cuil. à soupe de jus de citron
1 cuil. à soupe de vin blanc
60 ml d'huile d'olive vierge extra
1 gousse d'ail
2 cuil. à café de basilic haché
1/2 cuil. à café de sucre

1 Retirer les longues tiges des feuilles de roquette, rincer, égoutter et répartir dans 4 assiettes.

2 Dans un saladier, mélanger délicatement le poivron, l'oignon, les haricots, les tomates et les câpres. Disposer quelques cuillerées sur la roquette. Disposer les morceaux de thon au-dessus.

3 Pour préparer la sauce, mélanger vigoureusement tous les ingrédients dans un bol avec 1 cuil. à soupe d'eau, 1/4 de cuil. à café de sel et de poivre noir fraîchement moulu ou concassé, selon son goût. Verser sur la salade et servir accompagné de pain frais.

Couper le poivron rouge en lanières dans la longueur.

À l'aide de deux cuillères en bois, mélanger le poivron au reste.

Ajouter l'eau, le sel et le poivre aux autres ingrédients.

47

Salade de moules au safran

PRÉPARATION : 40 minutes
CUISSON : 30 minutes
POUR 4 à 6 personnes

750 g de petites pommes de terre nouvelles,
  avec la peau
1,5 kg de moules noires
170 ml de vin blanc sec
1 petit oignon, émincé
2 branches de thym
2 feuilles de laurier
1 grosse pincée de filaments de safran
125 g de crème fraîche
1 cuil. à soupe de persil plat, finement haché

1 Placer les pommes de terre dans
une casserole d'eau froide,
légèrement salée. Porter à ébullition,
réduire le feu et laisser mijoter
15 à 20 min, jusqu'à ce qu'elles
soient tendres (lorsqu'on perce la
peau avec la pointe d'un couteau,
la lame doit s'enfoncer facilement).

Égoutter et laisser refroidir. A défaut de petites
pommes de terre, couper les grosses en deux
ou en quatre.

2 Gratter les moules avec une brosse dure, et les
ébarber. Jeter celles qui sont cassées ou qui ne
se ferment pas immédiatement au contact de
la main. Rincer soigneusement. Placer le vin,
l'oignon, le thym, le laurier et la moitié des moules
dans une cocotte munie d'un couvercle ajusté.
Couvrir et laisser cuire 4 à 5 min à feu vif, en
remuant une seule fois, jusqu'à ce que les moules
commencent à s'ouvrir. À l'aide de pinces, retirer
les moules au fur et à mesure qu'elles s'ouvrent.
Jeter celles qui sont restées fermées. Faire cuire
le reste des moules suivant le même procédé
et laisser refroidir.

3 Filtrer le jus de cuisson des moules et en réserver
80 ml. Tant qu'il est encore chaud, y incorporer le
safran. Laisser refroidir, incorporer progressivement
la crème fraîche à l'aide d'un fouet et bien
assaisonner de sel et de poivre moulu ou concassé.
Incorporer le persil haché.

4 Retirer la chair des moules
et jeter les coquilles. Placer
les moules et les pommes de
terre dans un saladier, verser
l'assaisonnement et bien
mélanger.

Incorporer progressivement le jus
de cuisson des moules à la crème.

Mélanger délicatement
l'assaisonnement et la salade.

Salade de fruits de mer

PRÉPARATION : 45 minutes
CUISSON : 15 minutes
POUR 6 personnes

1 kg de moules noires
24 noix de Saint-Jacques, avec corail
125 ml de vin blanc
500 g de filets de saumon ou de truite, sans
  la peau
24 crevettes royales cuites, décortiquées
150 g de feuilles de laitue
1 concombre libanais, en rondelles

Vinaigrette
60 ml d'huile d'olive légère
1 cuil. à soupe de vinaigre de vin blanc
1 cuil. à soupe de jus de citron
1 à 2 cuil. à café de sucre
1 cuil. à café de moutarde de Dijon

Sauce à la crème et aux herbes
2 jaunes d'œufs
2 cuil. à café de moutarde de Dijon
2 cuil. à soupe de jus de citron
250 ml d'huile d'olive
4 filets d'anchois, hachés
1 gousse d'ail, hachée
60 g de crème fraîche
3 cuil. à soupe de mélange d'herbes
  aromatiques (persil, aneth...)

1 Gratter les moules et les ébarber. Jeter celles qui sont cassées ou qui ne se ferment pas au contact de la main. Bien rincer. Couper et retirer tout muscle blanc dur, veine ou membrane des noix de Saint-Jacques. Verser 250 ml d'eau dans une casserole, ajouter le vin et porter à ébullition. Verser les moules, couvrir et laisser étuver 4 à 5 min, jusqu'à ce que les moules soient ouvertes. Les retirer avec une écumoire. Jeter celles qui sont restées fermées. Retirer la chair des coquilles.

2 Faire pocher les noix de Saint-Jacques 1 à 2 min dans le jus de cuisson. Retirer du jus. Mettre le poisson et faire pocher 4 à 5 min. Retirer de la casserole et émietter.

3 Pour la vinaigrette, placer tous les ingrédients dans un bocal hermétique et bien agiter. Placer tous les fruits de mer dans un saladier, ajouter la vinaigrette et remuer.

4 Pour la sauce à la crème, mixer les jaunes d'œufs, la moutarde et le jus de citron 30 sec dans un mixeur ou un robot de cuisine. En laissant le moteur tourner, verser l'huile en filet et continuer à mixer jusqu'à ce que le mélange ait épaissi. Ajouter le reste des ingrédients et mixer encore 30 sec, jusqu'à ce que tout soit bien mélangé.

5 Placer la moitié de la laitue et du concombre dans un saladier en verre de 2,25 l. Disposer la moitié des fruits de mer sur la salade, et arroser avec la moitié de la sauce. Par-dessus, replacer une couche de salade et concombre, de fruits de mer et de sauce. Servir accompagnée de pain frais.

Salade de pâtes chaude

PRÉPARATION : 15 minutes
CUISSON : 20 minutes
POUR 4 personnes

Pesto
2 gousses d'ail, hachées
1 cuil. à café de sel
40 g de pignons, grillés
60 g de basilic
50 g de parmesan râpé
60 ml d'huile d'olive vierge extra

500 g de pâtes orecchiette
150 g de câpres en saumure, égouttées
3 cuil. à soupe d'huile d'olive
2 cuil. à soupe d'huile d'olive vierge extra
2 gousses d'ail, hachées
2 tomates, épépinées et coupées en dés
155 g d'asperges fines, parées, coupées
   en deux et pelées
2 cuil. à soupe de vinaigre balsamique
150 g de roquette, parée
20 crevettes moyennes cuites, décortiquées,
   avec la queue intacte
copeaux de parmesan, facultatif

1 Pour préparer le pesto, mixer l'ail, le sel, les pignons, les feuilles de basilic et le parmesan râpé dans un robot de cuisine ou un mixeur jusqu'à obtenir un mélange homogène. En laissant le moteur tourner, verser l'huile en filet et continuer à mixer jusqu'à ce que le mélange soit bien lisse.

2 Faire cuire les pâtes *al dente* 12 min dans une grande casserole d'eau bouillante salée. Égoutter, transférer dans une terrine, ajouter le pesto et bien remuer.

3 Sécher les câpres sur du papier absorbant. Dans une poêle, chauffer l'huile d'olive et faire cuire les câpres 4 à 5 minutes, en remuant de temps en temps, jusqu'à ce qu'elles soient croustillantes. Retirer de la poêle et égoutter sur du papier absorbant.

4 Chauffer l'huile d'olive vierge extra dans une poêle profonde à feu moyen et y verser l'ail, les tomates et les asperges. Réchauffer 1 à 2 min. Incorporer le vinaigre balsamique.

5 Quand les pâtes sont tièdes, et non chaudes (cela ferait flétrir les feuilles de roquette), mélanger la préparation aux tomates et à la roquette avec les pâtes. Saler et poivrer avec du poivre noir moulu, selon son goût. Servir parsemé de câpres froides et de parmesan fraîchement coupé.

À l'aide de deux cuillères en bois, mélanger le pesto.

Faites cuire les câpres dans l'huile chaude.

Salade de nouilles thaïe

PRÉPARATION : 25 minutes
CUISSON : 2 minutes
POUR 4 personnes

Assaisonnement
2 cuil. à soupe de gingembre frais râpé
2 cuil. à soupe de sauce de soja
2 cuil. à soupe d'huile de sésame
80 ml de vinaigre de vin rouge
1 cuil. à soupe de sauce au piment douce
2 gousses d'ail, hachées
80 ml de kecap manis

500 g de grosses crevettes cuites
250 g de nouilles aux œufs entiers sèches
   cuisson rapide
5 oignons verts, en rondelles obliques
2 cuil. à soupe de coriandre hachée
1 poivron rouge, en dés
100 g de pois mange-tout, en rondelles

1 Pour préparer l'assaisonnement, à l'aide d'un fouet, mélanger le gingembre, la sauce de soja, l'huile de sésame, le vinaigre de vin rouge, la sauce au piment, l'ail et le kecap manis dans un saladier.

2 Décortiquer les crevettes et retirer doucement la veine sombre de leur dos en commençant à la tête. Couper chaque crevette en deux dans le sens de la longueur.

3 Faire cuire les nouilles 2 min dans une grande casserole d'eau bouillante salée, jusqu'à ce qu'elles soient tendres. Égoutter soigneusement. Laisser refroidir dans un grand saladier.

4 Ajouter l'assaisonnement, les crevettes et le reste des ingrédients aux nouilles et remuer délicatement.

A l'aide d'un fouet, mélanger tous les ingrédients de la sauce.

Couper les crevettes en deux dans le sens de la longueur.

Mélanger nouilles, crevettes, sauce, herbes et légumes.

Calmars et noix de Saint-Jacques aux herbes

PRÉPARATION : 30 minutes
  + 30 minutes de réfrigération
CUISSON : 10 minutes
POUR 4 personnes

2 oranges
8 petits calmars
200 g de noix de Saint-Jacques, sans corail
2 cuil. à soupe d'huile
150 g de roquette
3 tomates roma mûres, hachées

Assaisonnement aux herbes

50 g de coriandre finement hachée
30 g de persil plat finement haché
2 cuil. à café de cumin en poudre
1 cuil. à café de paprika
60 ml de jus de citron vert
60 ml d'huile d'olive

1 Éplucher l'orange à vif. Séparer la pulpe en quartiers. Retirer les pépins. Réserver.

2 Pour nettoyer les calmars, tirer sur les tentacules pour les détacher du corps. Détacher les viscères des tentacules en coupant sous les yeux. Retirer les becs en exerçant une pression de l'index au centre. En tirant, détacher la plume du calmar. Frotter sous l'eau froide et détacher la peau. Laver les corps et les tentacules et égoutter. Les placer dans une terrine d'eau avec 1/4 de cuil. à café de sel et bien remuer. Couvrir et réfrigérer 30 min. Égoutter et couper les tubes en fines lanières longues et les tentacules en morceaux.

3 Couper et retirer tout muscle dur blanc, veine ou membrane des noix de Saint-Jacques. Rincer et égoutter.

4 Dans une sauteuse, chauffer l'huile à feu vif et faire cuire les calmars en plusieurs fournées 1 à 2 min. Ne pas trop les cuire, ils deviendraient durs. Égoutter sur du papier absorbant. Ajouter les noix de Saint-Jacques dans la casserole et faire cuire 1 à 2 min, jusqu'à ce qu'elles soient tendres. Veiller à ne pas trop les cuire.

5 Disposer la roquette sur un grand plat, recouvrir des fruits de mer, de morceaux de tomate et de quartiers d'orange.

6 À l'aide d'un fouet, mélanger les ingrédients de l'assaisonnement dans un saladier non métallique, et verser le tout sur les fruits de mer.

Salade César à la truite fumée

PRÉPARATION : 15 minutes
CUISSON : 20 minutes
POUR 4 personnes

80 ml d'huile d'olive vierge extra
2 gousses d'ail, hachées
1/2 baguette de pain, en fines tranches
12 œufs entiers de caille
2 truites fumées entières de 400 g
2 laitues romaines, ciselées
125 g de copeaux de parmesan

Assaisonnement
250 g de mayonnaise aux œufs entiers
4 filets d'anchois, hachés
2 cuil. à soupe de jus de citron
2 gousses d'ail, hachées, en plus
2 cuil. à soupe de parmesan râpé

1 Préchauffer le four à 180 °C. Dans une terrine, mélanger l'huile et l'ail. Badigeonner les deux faces des tranches de pain de ce mélange, placer sur une plaque à pâtisserie, et passer au four 15 min, en les retournant à mi-cuisson, jusqu'à ce qu'elles soient dorées et croustillantes. Laisser refroidir.

2 Recouvrir les œufs de caille d'eau dans une casserole. Porter à ébullition et laisser cuire 5 min. Les laisser refroidir dans un bol d'eau froide. Les écaler et les couper en deux.

3 Placer les ingrédients de l'assaisonnement dans un robot de cuisine ou un mixeur et mixer jusqu'à obtention d'un mélange homogène.

4 Retirer la peau et les arêtes de la truite et émietter la chair. Disposer la laitue sur des assiettes et placer la truite émiettée par-dessus. À l'aide d'une cuillère, verser l'assaisonnement par-dessus. Disposer les œufs, les copeaux de parmesan et les toasts par-dessus. Assaisonner de sel et de poivre noir moulu, selon son goût.

Couper le pain en fines tranches et le faire griller.

Mixer les ingrédients de l'assaisonnement.

Utiliser une fourchette pour émietter la chair de la truite.

Thon et légumes à la méditerranéenne

PRÉPARATION : 15 minutes
+ 30 minutes de macération
CUISSON : 20 minutes
POUR 4 personnes

185 ml d'huile d'olive
3 gousses d'ail, hachées
2 cuil. à soupe de sauce au piment douce
1 poivron rouge, coupé en morceaux de 3 cm
1 poivron jaune, coupé en morceaux de 3 cm
2 grosses courgettes, coupées en rondelles de 1,5 cm
2 aubergines fines, coupées en rondelles de 1,5 cm
huile d'olive, pour badigeonner
4 steaks de thon

Mayonnaise au citron et aux câpres
1 jaune d'œuf
1 cuil. à café de zeste de citron râpé
2 cuil. à soupe de jus de citron
1 petite gousse d'ail, hachée

185 ml d'huile d'olive
1 cuil. à soupe de petites câpres

1 Mélanger huile d'olive, ail et sauce au piment douce dans une terrine. Ajouter poivron, courgette et aubergine, remuer et laisser mariner 30 min.

2 Pour préparer la mayonnaise, mixer le jaune d'œuf, le zeste, le jus de citron et l'ail dans un robot de cuisine ou un mixeur jusqu'à obtention d'un mélange homogène. En laissant le moteur tourner, incorporer progressivement un filet constant d'huile jusqu'à ce que le mélange épaississe et prenne une texture crémeuse. Incorporer les câpres et 1/2 cuil. à café de sel. Réserver.

3 Faire chauffer un barbecue ou un gril, le badigeonner d'huile, et faire cuire les légumes égouttés 4 à 5 min sur chaque face, jusqu'à ce qu'ils soient bien cuits. Réserver au chaud.

4 Badigeonner les steaks de thon avec le supplément d'huile et les passer au barbecue 2 à 3 min sur chaque face, jusqu'à ce qu'ils soient tout juste cuits (à l'intérieur, le thon doit rester rosé). Disposer les légumes et les steaks de thon sur des assiettes et servir accompagnés de mayonnaise.

Mixer la préparation à base de mayonnaise.

Retourner les légumes quand ils sont grillés d'un côté.

Poisson vapeur au gingembre

PRÉPARATION : 10 minutes
CUISSON : 15 minutes
POUR 4 personnes

4 brèmes entières, d'environ 350 g, écaillées
  et vidées
2 cuil. à soupe de gingembre en julienne
60 ml d'huile d'arachide
2 à 3 cuil. à soupe de sauce de soja
6 oignons verts, émincés
45 g de brins de coriandre

1 Pratiquer deux entailles diagonales dans la partie la plus charnue du flanc des poissons, les placer dans un panier à étuver en bambou. Couvrir et faire cuire 10 min à la vapeur, jusqu'à ce qu'ils soient cuits (la chair s'émiette alors facilement lorsqu'on pique avec une fourchette).

2 Placer les poissons sur un plat de service et les parsemer de gingembre en julienne. Dans une petite casserole, chauffer l'huile à feu moyen jusqu'à ce qu'elle commence à fumer. Verser un peu de cette huile chaude sur chaque poisson. L'huile risquant de gicler et d'éclabousser, ne pas s'approcher trop près (l'huile doit être très chaude, sinon le poisson ne sera pas croustillant et pourrait même paraître huileux). Arroser le poisson de sauce de soja et garnir d'oignons verts et de brins de coriandre.

3 Ce poisson sera délicieux accompagné de riz à la vapeur ou de légumes asiatiques.

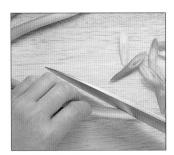
Couper en biais les oignons verts en petits tronçons.

Piquer le poisson avec une fourchette.

Disposer le poisson sur des assiettes.

Beignets de poisson croustillants aux champignons shiitake

PRÉPARATION : 15 minutes
+ 15 minutes de trempage
CUISSON : 15 minutes
POUR 4 personnes

Sauce aux shiitake

50 g de champignons shiitake séchés
2 cuil. à soupe d'huile d'arachide
2 gousses d'ail, hachées
2 cuil. à café de gingembre frais haché
1 petit piment rouge, épépiné et coupé en rondelles
3 oignons verts, en rondelles obliques
2 cuil. à soupe de sauce d'huître
2 cuil. à soupe de sauce de soja
2 cuil. à soupe de vin chinois
2 cuil. à café de sucre

Pâte à beignet

60 g de farine
60 g de maïzena
1 cuil. à café de levure chimique
1 cuil. à café 1/2 de sucre

4 filets de 200 g de flet ou de sole
farine, pour enrober le poisson
huile, pour la friture
coriandre, en garniture

1 Faire tremper les champignons shiitake 10 min dans une terrine d'eau bouillante, jusqu'à ce qu'ils aient ramolli. Les égoutter, les équeuter, et les couper en fines rondelles. Dans une poêle ou un wok, chauffer l'huile et faire revenir l'ail, le gingembre et le piment 1 min à feu doux, jusqu'à ce qu'ils embaument. Ajouter les champignons et l'oignon vert, et faire cuire 1 min à feu moyen. Mélanger les sauces d'huître et de soja, le vin chinois, le sucre et 60 ml d'eau dans une terrine. Verser ce mélange dans la poêle, et laisser cuire 1 à 2 min, en remuant pour bien mélanger.

2 Tamiser tous les ingrédients secs de la pâte à beignet dans une terrine et creuser un puits. Verser 185 ml d'eau très froide et battre le tout jusqu'à obtention d'un mélange homogène. Sécher le poisson sur du papier absorbant et le fariner.

3 Remplir un wok au tiers d'huile et chauffer à 180 °C (un dé de pain doit y dorer en 15 sec). Tremper le poisson dans la pâte, laisser l'excédent s'égoutter, et faire cuire en plusieurs fournées 5 à 6 min, jusqu'à ce que le poisson soit doré et que la chair s'émiette lorsqu'on la pique avec une fourchette. Égoutter sur du papier absorbant.

4 Verser la sauce sur le poisson. Garnir et servir accompagné de salade et de riz.

Crêpes aux fruits de mer

PRÉPARATION : 30 minutes
+ 1 heure de pause
CUISSON : 45 minutes
POUR 6 personnes

85 g de farine
250 ml de lait
1 œuf
15 g de beurre, fondu
1 cuil. à café de sucre

Garniture aux fruits de mer
300 g de crevettes moyennes crues,
  décortiquées et déveinées
60 g de beurre doux
4 oignons verts, finement hachés,
  le blanc et le vert hachés à part
1 cuil. à café de mélange d'épices cajun
1/2 cuil. à café de paprika doux
1 grosse tomate, hachée
125 ml de vin blanc sec
170 g de chair de crabe, émiettée
125 ml de crème
1 cuil. à soupe de farine
24 huîtres fraîches
2 cuil. à soupe de cheddar râpé

1 Tamiser la farine dans une terrine et creuser un puits. Mélanger lait, œuf, beurre et sucre dans une autre terrine. Incorporer progressivement ce mélange à la farine jusqu'à obtenir une pâte lisse. Couvrir et laisser reposer 1 h.

2 Pour préparer la garniture, hacher les crevettes. Faire fondre le beurre dans une poêle, ajouter le blanc de l'oignon vert et faire revenir 2 min à feu moyen. Ajouter mélange d'épices, paprika et tomate, et cuire 3 à 4 min. Ajouter le vin et laisser cuire, en remuant, jusqu'à épaississement.

3 Tout en remuant, ajouter crevettes et chair de crabe à la sauce et laisser mijoter 2 à 3 min. Dans un bol, lier crème et farine, et verser dans la poêle. Remuer jusqu'à ce que la préparation soit à ébullition et qu'elle épaississe. Ajouter les huîtres et le vert des oignons. Retirer du feu.

4 Préchauffer le four à 180 °C. Enduire une crêpière de 19 cm d'huile ou de beurre, et chauffer à feu moyen. Verser 60 ml de pâte en faisant tourner la poêle. Laisser cuire jusqu'à ce que des bulles se forment à la surface. Retourner la crêpe et cuire jusqu'à ce qu'elle dore. Retirer. Répéter l'opération avec le reste de pâte (environ 12 crêpes). Les empiler et les couvrir d'un linge.

5 Placer quelques cuillerées de préparation aux fruits de mer dans les crêpes et rouler. Les disposer, sans les empiler, dans un plat à gratin graissé. Parsemer de fromage et passer 10 min au four, jusqu'à ce qu'elles soient bien chaudes.

Curry de langouste au poivron

PRÉPARATION : 25 minutes
CUISSON : 15 minutes
POUR 4 personnes

2 queues de langouste crues (350 g chacune)
1 cuil. à soupe d'huile
1 à 2 cuil. à soupe de pâte de curry rouge
2 tiges de lemon-grass, partie blanche seule,
   finement hachées
1 poivron rouge, grossièrement haché
6 dates chinoises noires séchées
250 ml de lait de coco
1 cuil. à soupe de nuoc mam
2 cuil. à café de sucre roux
1 cuil. à café de zeste de citron vert râpé
6 cuil. à soupe de feuilles de coriandre, en
   garniture
quartiers de citron, en garniture, facultatif

1 Couper le dessous de la queue de la langouste sur les côtés. Retirer la chair et la couper en tranches de 2 cm.

2 Chauffer l'huile à feu moyen dans un wok ou une grande poêle profonde à fond épais. Ajouter la pâte de curry et le lemon-grass, et remuer 1 min. Ajouter quelques morceaux de langouste à la fois et faire revenir chaque fournée 2 min, jusqu'à ce que le mélange ait doré et soit cuit. Retirer.

3 Ajouter le poivron dans le wok et faire sauter 30 sec. Ajouter les dates et le lait de coco, porter à ébullition et laisser cuire 5 min, jusqu'à ce que les dates soient tendres. Ajouter le nuoc mam, le sucre roux et le zeste de citron. Remettre les morceaux de langouste dans le wok et faire chauffer 2 à 3 min. Garnir de feuilles de coriandre et de quartiers de citron vert et servir immédiatement accompagné de riz à la vapeur.

Couper la carapace de la langouste avec des ciseaux de cuisine.

Faire revenir les morceaux de langouste à feu moyen.

Faire cuire les dates 5 min, jusqu'à ce qu'elles soient tendres.

Fish and Chips

PRÉPARATION : 25 minutes + trempage
CUISSON : 30 minutes
POUR 4 personnes

155 g de farine
375 ml de bière
4 pommes de terre farineuses (spunta, russet, king edward)
huile, pour la friture
4 filets de poisson blanc ferme
maïzena, pour la pâte à beignet
quartiers de citron, en accompagnement

1 Tamiser la farine dans une terrine, creuser un puits et ajouter progressivement la bière, en remuant pour obtenir une pâte lisse sans grumeaux. Couvrir et réserver. Préchauffer le four à 180 °C (th. 4).

2 Couper les pommes de terre en frites de 1 cm d'épaisseur. Faire tremper 10 min dans de l'eau froide, égoutter et sécher. Remplir une casserole profonde à fond épais au tiers d'huile et chauffer à 160 °C (un dé de pain doit y dorer en 30 sec). Faire cuire les frites en plusieurs fournées 4 à 5 min, jusqu'à ce qu'elles aient légèrement doré. Les retirer avec une écumoire. Égoutter sur du papier absorbant.

3 Juste avant de servir, réchauffer l'huile à 180 °C (un dé de pain doit y dorer en 15 sec). Refaire cuire les frites, en plusieurs fournées, jusqu'à ce qu'elles soient dorées et croustillantes. Égoutter. Conserver au chaud dans une lèchefrite au four.

4 Sécher le poisson sur du papier absorbant. Le fariner de maïzena, le tremper dans la pâte en laissant l'excédent s'égoutter. Faire frire le poisson en plusieurs fournées 5 à 7 min, jusqu'à ce que les beignets soient bien cuits. Retirer à l'aide d'une écumoire et égoutter sur du papier absorbant. Servir avec les frites et du citron.

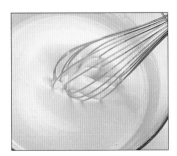

Battre la farine avec la bière pour obtenir une pâte lisse.

Faire cuire les frites en plusieurs fournées.

Utiliser des pinces pour retourner le poisson.

Crabe au piment

PRÉPARATION : 20 minutes
CUISSON : 15 minutes
POUR 4 personnes

1 kg de crabes bleus crus
2 cuil. à soupe d'huile d'arachide
2 gousses d'ail, finement hachées
2 cuil. à café de gingembre frais finement
    haché
2 petits piments rouges, épépinés
    et coupés en rondelles
2 cuil. à soupe de sauce hoisin
125 ml de sauce tomate
60 ml de sauce au piment douce
1 cuil. à soupe de nuoc mam
1/2 cuil. à café d'huile de sésame
4 oignons verts, finement émincés,
    en garniture, facultatif

1 Soulever le tablier et retirer la carapace dure des crabes. Retirer les viscères et les branchies. Couper chaque crabe en quatre. Casser les pinces pour permettre aux arômes d'imprégner la chair et faciliter la dégustation du crabe.

2 Chauffer un wok jusqu'à ce qu'il soit très chaud, ajouter l'huile et l'étaler soigneusement. Ajouter l'ail, le gingembre et le piment et faire sauter 1 à 2 min.

3 Ajouter les morceaux de crabe et faire sauter 5 à 7 min, jusqu'à ce que la chair blanchisse. Tout en remuant, ajouter la sauce hoisin, la tomate, la sauce au piment douce, le nuoc mam, l'huile de sésame et 60 ml d'eau. Porter à ébullition, réduire le feu et laisser mijoter 6 min, à couvert, jusqu'à ce que la chair du crabe soit bien cuite et qu'elle s'émiette facilement.

4 Disposer sur un plat et garnir d'oignon vert. Servir avec du riz à la vapeur. Des rince-doigts garnis de tranches de citron permettront aux convives de se rincer les doigts

Soulever le tablier des crabes et retirer la carapace supérieure.

À l'aide d'un couteau tranchant, couper le crabe en quatre.

Faire cuire le crabe jusqu'à ce que sa chair s'émiette facilement.

Saumon en pâte d'aneth

PRÉPARATION : 15 minutes
+ 20 minutes de pause
CUISSON : 40 minutes
POUR 4 personnes

90 g de farine
1/2 cuil. à café de levure
1/2 cuil. à café de sel
1 cuil. à soupe de vinaigre
2 cuil. à soupe d'aneth haché
800 g de pavé de saumon sans peau
80 ml d'huile

1 Pour la pâte à l'aneth, tamiser la farine, la levure et le sel dans une jatte et creuser un puits. Ajouter le vinaigre dilué avec 185 ml d'eau et battre jusqu'à obtention d'un mélange homogène. Couvrir de film alimentaire et laisser lever 20 min, puis incorporer l'aneth.

2 Entre-temps, retirer toutes les arêtes du poisson et couper chaque pavé en 4 dans l'épaisseur. Préchauffer le four à 160°C (th. 5-6).

3 Faire chauffer l'huile dans une grande sauteuse. Tremper les tranches de saumon dans la pâte à l'aneth et secouer l'excédent. Les faire cuire en 4 fois dans l'huile chaude 5 min de chaque côté. Égoutter la première fournée sur du papier absorbant et garder au chaud au four pendant la cuisson des tranches restantes. Servir avec des pommes de terre et des légumes vapeur.

Quand la pâte a levé 20 min, ajouter l'aneth haché.

Retirer toutes les arêtes et couper les pavés en quatre.

Retourner les tranches de poissons après 5 min de cuisson.

Sauces et salsas

CES SAUCES ET SALSAS ACCOMPAGNERONT À MERVEILLE VOS POISSONS CUITS OU VOS FRUITS DE MER. LES RESTES PEUVENT ÊTRE CONSERVÉS JUSQU'À TROIS JOURS AU RÉFRIGÉRATEUR DANS UN RÉCIPIENT À L'ABRI DE L'AIR.

SALSA VERDE

Dans un robot de cuisine ou un mixeur, placer 20 g de persil plat, 1 gousse d'ail hachée, 3 cuil. à soupe d'aneth, 2 cuil. à soupe de ciboulette hachée et 4 cuil. à soupe de menthe et mixer le tout 30 sec, ou jusqu'à obtenir un mélange homogène. Ajouter 1 cuil. à soupe de jus de citron, 5 filets d'anchois et 3 cuil. à soupe de câpres en conserve égouttées et mixer jusqu'à obtenir un mélange homogène. En laissant le moteur tourner, incorporer progressivement 125 ml d'huile d'olive en filet et mixer jusqu'à ce que le mélange soit homogène. Servir avec des crevettes grillées ou des kebabs de poisson (d'espadon ou de saumon par exemple). Pour 4 personnes.

SAUCE AU BEURRE

Hacher finement 2 échalotes et les placer dans une petite casserole avec 60 ml de vinaigre de vin blanc et 60 ml d'eau. Porter à ébullition, réduire le feu et laisser mijoter jusqu'à ce que le bouillon ait réduit à la valeur de 2 cuil. à soupe. Retirer du feu et filtrer dans une casserole propre. Remettre sur le feu et à l'aide d'un fouet, incorporer 220 g de beurre doux coupé en cubes, quelques morceaux à la fois. La sauce épaissira au fur et à mesure qu'on y ajoute le beurre. Assaisonner de sel, de poivre et de jus de citron. Servir avec des filets de poisson poché, de saumon ou de loup tropical, ou des queues de langouste grillée. Pour 4 à 6 personnes.

SALSA AUX HARICOTS BLANCS ET AUX TOMATES

Égoutter 400 g de haricots blancs et rincer. Placer dans un saladier et ajouter 75 g de tomates semi-séchées hachées, 30 g d'olives noires dénoyautées coupées en rondelles et le quart d'un oignon rouge haché. En remuant, ajouter 1 cuil. à soupe d'huile d'olive, 3 cuil. à café de vinaigre de vin blanc et 1 cuil. à soupe de persil plat haché. Couvrir et réfrigérer 30 min. Servir avec un poisson cuit au four, du rouget-barbet ou du vivaneau, par exemple. Pour 6 personnes.

SAUCE AU BASILIC ET AU POIVRON GRILLÉ

Préchauffer le four à 210 °C. Couper 2 poivrons rouges en 2 et les placer, la peau vers le haut, sur une plaque graissée avec 2 gousses d'ail non pelées. Badigeonner d'huile d'olive et les passer 20 min au four, jusqu'à ce que le poivron soit tendre, que sa peau soit noircie et cloquée. Retirer et laisser refroidir les poivrons dans un sac en plastique. Peler les poivrons et l'ail et mixer 30 sec dans un robot de cuisine ou un mixeur, jusqu'à obtenir un mélange homogène. Moteur en marche, incorporer 100 ml d'huile d'olive en filet, jusqu'à ce que le mélange soit bien lisse. Ajouter 1 cuil. à soupe de basilic finement haché, 1/4 de cuil. à café de sel et de poivre noir fraîchement moulu. Servir, chaud ou froid, avec poissons grillés au barbecue, sardines, l'espadon ou thon, par exemple. Pour 4 personnes.

SAUCE ONCTUEUSE À L'ESTRAGON

Dans une casserole, mélanger 125 ml
de bouillon de poisson avec 1 gousse d'ail
hachée, 1 cuil. à café de feuilles
d'estragon séché et 1 oignon vert émincé.
Porter à ébullition, réduire le feu et laisser
mijoter 3 min, jusqu'à ce que le bouillon
ait réduit de moitié. Ajouter 125 ml de
crème épaisse ou de mascarpone. Réduire
le feu et remuer jusqu'à ce que la crème
soit liquide. Ajouter 1/2 cuil. à café
de jus de citron et 2 cuil. à soupe de
parmesan râpé. Saler et poivrer. Laisser
mijoter 1 min et servir avec des filets
de poisson grillés, de saint-pierre.

SALSA DE MANGUE ET D'AVOCAT

Couper 1 mangue et 1 avocat en cubes
de 1 cm et les placer dans un bol avec
1 petit poivron rouge coupé en dés.
Mélanger 2 cuil. à soupe de jus de citron
vert avec 1 cuil. à café de sucre en poudre
et verser sur la mangue. En remuant,
ajouter 3 cuil. à soupe de feuilles de
coriandre hachées. Servir en
accompagnement de fruits de mer cuits
froids, des crevettes. Pour 6 personnes.

Murdoch Books Australia
Pier 8/9, 23 Hickson Road, Millers Point NSW 2000
Tél: +61 (2) 8220 2000   Fax: +61 (2) 8220 2558

Murdoch Books UK Limited
Erico House, 6th Floor North, 93-99 Upper Richmond Road, Putney, London SW15 2TG
Tél: +44 (0) 20 8785 5995   Fax: +44 (0) 20 8785 5985

Titre original : *Seafood*

FIOREDITIONS

Via Cassia, 1136
00189 Rome – Italie
Tél. : + 39 (0)6 30 36 28 98
Fax : + 39 (0)6 30 36 14 13

Réalisation : InTexte Édition, Toulouse

ISBN : 88-7525-026-x

Imprimé en Chine